Luise Holthausen

Rettung für die Weihnachtshunde

Mit Bilder von
Anna Laura Jacobi

Hase und Igel®

Als Titel der Reihe LEVEL 1, 2, 3
liegt dieses Buch in drei Schwierigkeitsstufen vor.

Außerdem gibt es dazu für Lehrkräfte
ein ausführliches Begleitmaterial beim Hase und Igel Verlag.

MIX
Papier aus verantwortungsvollen Quellen
FSC® C043106

www.hase-und-igel.de
Lektorat: Anna Schultes
Satz: Appel Grafik München GmbH
Druck: Grafisches Centrum Cuno GmbH & Co. KG

ISBN 978-3-86316-198-9
1. Auflage 2021

Inhalt

1. Schokoladige Schneebälle

Simon sitzt bei seinem Freund Teris am Computer und starrt gähnend auf den Bildschirm. Aus den Lautsprechern dudelt der neuste Weihnachtshit.

„Zum Basteln eines Weihnachtssterns kannst du jede Art von Papier verwenden“, liest Simon. *„Am besten ist dünnes Transparentpapier, aber es geht auch normales weißes Papier.“*

Simon gähnt wieder. Meine Güte, ist das langweilig! Er wird noch beim Schreiben seines eigenen Artikels einschlafen.

Ihre gemeinsame Freundin Jule schaut ihm mit kritischem Blick über die Schulter. „Wiederholungsfehler, da, da und da.“ Sie deutet mit dem Zeigefinger auf den Text. Bei jedem „da“ nickt sie mit dem Kopf, sodass ihre bunten Ponysträhnen wippen. „Dreimal Papier. Kannst du das nicht anders schreiben?“

Simon fährt herum. „Ich würde sowieso gern was anderes schreiben! Nicht über so einen öden Kram wie das Basteln von Weihnachtssternen."

„Aber es ist nun mal die Weihnachtsausgabe der Schülerzeitung", brummt Teris auf seinem Sitzsack in der Ecke des Zimmers.

Simon sieht finster zu ihm hinüber. Eigentlich müsste das Teil Liegesack heißen, so wie Teris darauf herumhängt.

Und überhaupt: Was ist das denn hier für eine lahme Truppe? Er, Jule und Teris sind das Redaktionsteam der Schülerzeitung. Simon höchstpersönlich hat sie gegründet. Unter einer Zeitungsredaktion hat er sich was Spannendes vorgestellt. Er wollte Artikel schreiben, in denen Skandale aufgedeckt werden. Richtige Enthüllungsartikel.

Vor einiger Zeit ist ihnen das sogar geglückt. Da sollte ihr geliebtes Wäldchen samt Baumhaus einem Einkaufszentrum weichen. Zu dritt haben sie die dunklen Machenschaften rund um die Baugenehmigung aufgedeckt. Das war aufregend!

Eine Weile haben sich Simons Mitschüler dann darum gerissen, bei der Zeitung mitzumachen. Alle wollten plötzlich große Enthüllungsjournalisten werden. Zuerst fand Simon das toll. Bis er merkte, dass er sie gar nicht mit Aufträgen beschäftigen kann. Es passiert hier einfach nichts mehr.

„Habt ihr denn irgendeine Superidee für einen Weihnachtsartikel?", fragt Simon.

„Wir wollen morgen auf den Weihnachtsmarkt gehen und darüber berichten", erinnert Jule ihn.

„Ich hab auch noch einen Beitrag." Teris räkelt sich auf seinem Liegesack. „Sagt der Vater zu Fritzchen: Zünde doch bitte den Adventskranz an. Antwortet Fritzchen nach einer Weile …"

Simon unterbricht ihn genervt: „Nein! Keine Fritzchenwitze!"

„Okay, geht auch ohne Fritzchen", sagt Teris. „Fragt die eine Weihnachtsgans die andere …"

Simon stöhnt.

Es klingelt. Teris quält sich in eine aufrechte Position und schlurft zur Tür. „Hallo?", hören sie ihn durch die Sprechanlage nuscheln.

„Ich hab was für die Schülerzeitung", tönt es zurück. Das ist Hanna. Hanna hat immer irgendwas für die Schülerzeitung. Leider ist es selten interessant.

Teris seufzt. „Jetzt verfolgt sie uns sogar schon nach Hause. Ich sag ihr, wir haben keine Zeit."

„Nein, nein, lass sie rein", drängt Simon. Sie können jeden Beitrag brauchen. Außer Fritzchenwitze.

Teris drückt den Türöffner.

Kurz darauf steht Hanna bei ihnen im Zimmer. Sie schwenkt einen Zettel und strahlt. „Ich hab ein Rezept für die weltbesten Weihnachtsplätzchen. Schokoladige Schneebälle.“

Simon und Teris sehen sich an. Ich wusste es doch, sagt Teris’ Blick. Ein Versuch war’s wert, antwortet Simon stumm.

Nur Jule tanzt wieder aus der Reihe. „Hey, lecker! Das ist perfekt für unsere Weihnachtsausgabe. Viel besser als lahme Witze.“

Teris macht eine beleidigte Miene.

Simon nimmt Hannas Zettel. Das Rezept ist mit der Hand geschrieben. Für die Zeitung muss er es noch in den Computer eingeben.

Während Simon das Rezept abtippt, erzählt Hanna von ihren Weihnachtswünschen. „Ich möchte so gern ein Haustier haben. Einen Hund. Und wisst ihr, was? Ich krieg auch einen!“

„Woher weißt du das denn?“, fragt Teris, der wieder auf seinem Liegesack lümmelt.

„Ich bin gestern Abend noch mal aufgestanden und hab mir was zu trinken geholt. Und da hab ich meine Eltern im Wohnzimmer reden hören. Sie schenken mir einen Hund! Ich freu mich riesig!“ Hanna strahlt über das ganze Gesicht.

„So ein Quatsch“, sagt Jule.

Hannas Strahlen erlischt. „Aber ich hab es gehört. Es stimmt!“

Teris richtet sich auf. Zum ersten Mal heute hat etwas sein Interesse geweckt. Seine Augen beginnen zu leuchten. „Ein Hund ist cool. Ich hätte auch gern einen. Vielleicht sollte ich das auf meinen Wunschzettel schreiben.“

Jule schnaubt. „Ein Hund unterm Weihnachtsbaum – sagt mal, geht's noch? Das ist doch ein lebendiges Wesen. Keine Spielkonsole, die man ausschaltet, wenn man keine Lust mehr hat.“

„Ich will meinen Hund gar nicht ausschalten“, erwidert Hanna trotzig.

Teris jedoch wirkt nachdenklich.

„Was glaubt ihr, warum die Tierheime zu Jahresbeginn immer so schnell überfüllt sind?“, fährt Jule fort. „Unter dem Weihnachtsbaum sehen die Tiere süß aus. Aber wenn man sich jeden Tag um sie kümmern muss, sind sie plötzlich nicht mehr süß. Da machen sie Arbeit. Und dann werden sie ausgesetzt oder ins Tierheim abgeschoben.“

„Das passiert doch auch ohne Weihnachten“, meint Teris.

„An Weihnachten passiert es eben ganz besonders oft. Viele denken vorher nicht darüber nach, ob man das Tier überhaupt gut versorgen kann. Es wird einfach verschenkt, weil es sich jemand gewünscht hat.“

Simon hat längst aufgehört zu tippen und verfolgt mit wachsender Begeisterung das Gespräch. Wäre das nicht *der* Aufhänger für einen Artikel? Der würde doch prima in ihre Weihnachtsausgabe passen.

2. Eingesperrt im Kofferraum

Am nächsten Tag treffen sich die drei Freunde wie verabredet auf dem Weihnachtsmarkt. Aber Simon ist nicht ganz bei der Sache. Er denkt immer noch an die Tiere

unterm Weihnachtsbaum. Vielleicht sollten sie mal zu Recherchezwecken ins Tierheim?

Vor seinen Augen sieht Simon schon die Schlagzeilen: *Exklusivinterview – ein Tierpfleger gibt Einblick in das Hundeleben im Tierheim.* Oder: *So traurig endet das Hundeleben nach Weihnachten.*

Nein, das geht nicht. Das zieht die Leser zu sehr herunter. Außerdem würde Jule da gleich wieder meckern. Von wegen „… endet das Hundeleben …“ – es endet ja nicht, denn der Hund lebt noch, nur jetzt eben im Tierheim. Jule ist wahnsinnig genau, was die Ausdrucksweise betrifft. Das hat sie von ihrem Vater. Der ist auch Journalist, bei einer richtigen Zeitung, dem Kullheimer Morgenblatt.

„Hallo?“ Jule stupst Simon leicht von der Seite an.

„Erde an Simon.“ Teris stupst weit kräftiger von der anderen Seite. „Wusstest du schon, dass du auf dem Weihnachtsmarkt bist?“

Simon bleibt stehen und sieht sich um. Bisher hat er tatsächlich kaum etwas mitbekommen. Jetzt erst nimmt er die Holzbuden, die sich über den großen Marktplatz ziehen, so richtig wahr. In den Gängen dazwischen schlendern die Menschen herum und schauen sich die Angebote an: Kerzen, Räuchermännchen und allerlei Weihnachtsschmuck, außerdem Holzspielzeug, Wollmützen und Winterhandschuhe. Überall blinken Lichterketten und aus Lautsprecherboxen ertönen Weihnachtslieder, untermalt von klingelnden Glöckchen.

Auf einmal wird Simon weihnachtlich zumute. Es war schon eine gute Idee von Jule, einen Bericht über den Weihnachtsmarkt zu schreiben.

Teris schnuppert. „Mjam, riecht das hier lecker!“ Seine Augen leuchten.

In der Luft liegt der Duft von Zimt, Makronen und … gebrannten Mandeln! Simon läuft das Wasser im Mund zusammen. Die muss er haben!

An einer der Buden kauft er eine große Tüte für alle. Simon hält sie in den klammen Händen und wärmt sich von unten die Finger daran, während sie von oben abwechselnd hineingreifen und sich die Mandeln schmecken lassen.

Langsam schlendern sie weiter. Sie probieren Hüte und lustige Nikolausmützen auf. Teris kauft einen kleinen Engel, den er seiner Mutter zu Weihnachten schenken will. Jule kann sich kaum von den Schneekugeln losreißen, aber sie sind ihr zu teuer. „Dafür reicht mein Geld nicht“, seufzt sie.

In den Gängen wird es immer voller. Leute mit dampfenden Tassen drängen sich um die Glühweinstände, reden und lachen.

Nachdem sie sich alles angesehen haben und Jule tausend Notizen in ihr kleines Buch gekritzelt hat, machen sie sich wieder auf den Heimweg. Überall stehen dicht an dicht die Autos. Selbst der Zebrastreifen ist zugeparkt. Die Kinder müssen die Hälse recken, um zwischen den Blechkarossen auf die Straße schauen zu können.

„*Weihnachtsmarkt sorgt für erhöhtes Verkehrsaufkommen*“, murmelt Simon vor sich hin.

„Denkst du eigentlich nur noch in Schlagzeilen?“, fragt Teris. „Los, Leute, die Bahn ist frei. Wir können rüber.“

Jule rührt sich nicht von der Stelle. „Pst!“, zischt sie. „Hört mal!“

Verwundert sehen die beiden Jungen sie an und lauschen.

„Ich hör bloß Autos“, sagt Teris.

„… und Geräusche vom Weihnachtsmarkt“, meint Simon.

„Nein, da ist noch was anderes. Ganz leise, wie ein Fiepen.“ Jule legt eine Hand ans Ohr. „Es muss hier in der Nähe sein.“

Teris zeigt auf den roten Kleinwagen, der direkt neben ihnen am Zebrastreifen parkt. „Meinst du etwa, das Auto fiept? Das kann ja wohl nicht sein.“

„Nicht das Auto selbst, aber …“ Jule ist auf einmal richtig aufgeregt. Sie schaut durch die Heckscheibe auf die Abdeckung des Kofferraums. Dann beugt sie sich vor und drückt das Ohr auf die Heckklappe. „Das ist es! Das Fiepen kommt aus dem Kofferraum!“

Ihre Aufregung ist ansteckend. Simon spürt ein Kribbeln im Bauch. „Vielleicht ist jemand eingesperrt?“ Prompt blitzt in seinem Kopf die Schlagzeile auf: *Aus dem Auto befreit! Kinder machen sensationelle Entdeckung in Kofferraum.*

Einen Moment sehen sie sich ratlos an. Dann klopft Simon vorsichtig auf die Heckklappe. „Hallo? Ist da jemand drin?“

Es ertönt ein winselnder Laut. Ein Hilferuf? Simon klopft noch einmal, jetzt etwas fester. Wieder ertönt der Laut.

„Und ob da jemand drin ist!“ Teris versucht, den Kofferraum zu öffnen. Aber der ist natürlich abgeschlossen.

Simon läuft um das Auto herum und rüttelt erst an der Beifahrertür, dann an der Fahrertür. Auch abgesperrt.

„Was jetzt?“, fragt Teris.

Simons Gedanken rasen. Einfach weggehen? Nein, das können sie nicht machen. Vielleicht ist jemand in

Not! Vielleicht wurde er entführt und im Kofferraum eingesperrt! Vielleicht ist er verletzt! Auf jeden Fall müssen sie den verdammten Kofferraum aufkriegen und herausfinden, wer da drin liegt.

„Wenn nur die Abdeckung nicht wäre!“ Teris schüttelt die Fäuste, als würde er am liebsten auf die Heckklappe einschlagen. „Ich glaube, wir müssen die Polizei rufen.“

„Warte noch.“ Jule schaut erneut durch die Heckscheibe. „Die Abdeckung sitzt schief. An der Seite ist ein Spalt.“ Jule macht die tollsten Verrenkungen, um durch den Spalt etwas sehen zu können. Kurz darauf richtet sie sich wieder auf. Unter ihren bunten Haarsträhnen ist sie ganz blass geworden.

„Was ist los?“, fragt Simon beunruhigt. „Hast du was erkannt?“

Jule schluckt und sagt nichts.

Simon verrenkt sich ebenfalls und linst durch den Spalt. Da ist etwas Braunes! Es hat Haare. Es bewegt sich! Er erkennt eine winzige Schnauze. Dann schiebt sich von der Seite ein dunkles Pfötchen über die Schnauze. Im nächsten Moment kugeln die beiden Fellknäuel aus seinem Sichtfeld.

Simon richtet sich auf. „Es sind Hunde! Ganz kleine Hunde, also Welpen.“

„Wer sperrt denn Hundewelpen in einen Kofferraum?“ Teris klingt ungläubig. Auch er beugt sich nun vor und wirft einen Blick auf die Welpen.

Plötzlich ertönt hinter ihnen eine scharfe Stimme: „Was habt ihr da zu suchen?“

Teris richtet sich hastig auf und sie treten vom Kofferraum zurück. Eine Frau in einem schicken Daunenmantel kommt auf sie zu. Sie trägt eine Aktentasche aus Leder in der Hand.

„Ist das Ihr Auto?“, fragt Simon mutig.

Die Frau kneift die Augen zusammen. „Was geht dich das an?“

Jule stellt sich entschlossen an Simons Seite. „Wir haben da was gehört.“

Teris stellt sich an seine andere Seite. „Aus dem Kofferraum.“

„Schert euch weg!“, zischt die Frau. Sie schiebt sich an den Kindern vorbei und drückt auf ihren Autoschlüssel. Klack, entriegeln sich die Türen.

Heckklappe öffnen, jetzt sofort!, schießt es Simon durch den Kopf.

Doch bevor er sich bewegen kann, hat die Frau schon die Fahrertür aufgerissen und sich hinters Lenkrad gesetzt. Der Motor heult auf. Sie parkt so schnell aus, dass sie beinahe gegen das Auto neben ihr schrammt.

„Die hat es ja eilig." Teris schaut dem davonbrausenden Wagen hinterher. Der biegt um die Kurve und ist verschwunden. „Und jetzt?"

„Hast du dir das Kennzeichen gemerkt?", fragt Jule.

„Nein, du?", entgegnet Teris.

„Nein."

„Mist, ich auch nicht." Simon schlägt sich gegen die Stirn. Wie kann man nur so bescheuert sein? Da standen sie minutenlang um das Auto herum und haben ihm eben sogar noch hinterhergestarrt. Und keiner hat daran gedacht, sich das Kennzeichen aufzuschreiben! Wie sollen sie das Auto nun wiederfinden, um die Hundewelpen zu retten?

Teris macht ein unglückliches Gesicht. Jule sieht richtig verzweifelt aus. Und Simon ist stinksauer. Vor allem auf sich selbst.

Aber da gab es ja noch seine Idee! Die Idee, einen Artikel über Tiere zur Weihnachtszeit zu schreiben. Dass sie gerade jetzt den Hunden begegnet sind, ist doch ein Zeichen: Er sollte diesen Gedanken unbedingt in die Tat umsetzen.

„Hört mal“, beginnt Simon und erzählt den anderen, was er sich überlegt hat.

Teris hebt zustimmend den Daumen. Und auch Jule ist sofort Feuer und Flamme: „Wenn wir schon nicht den Welpen im Kofferraum helfen können, tun wir wenigstens auf diese Art was für Tiere. Am besten sehen wir uns dafür erst einmal das Tierheim an.“

3. Besuch im Tierheim

Mit den Rädern fahren die drei Freunde am nächsten Nachmittag zum Tierheim. Es klirrt vor Kälte und Simon ist froh, dass er seine dicken Handschuhe anhat.

Jule radelt vorneweg, denn sie kennt den Weg. Das Tierheim liegt nicht weit von ihrer Schule entfernt. Jule hat vorher auf der Website nachgesehen, wann die Öffnungszeiten sind. Nicht, dass sie vor verschlossener Tür stehen.

Das Tierheim ist mit zwei flachen einstöckigen Gebäuden und einem Außengelände recht groß. Schon von draußen hören die Kinder Hundegebell. Sie ziehen die Eingangstür auf. Es sind etliche Besucher da. Paare und ganze Familien wandern durch die Gänge und schauen in die Zwinger.

Ein kleiner Wuschelhund läuft zum Gitter. Ein Mädchen bleibt stehen und zeigt auf ihn. „Guck mal, wie süß! Den wünsche ich mir zu Weihnachten."

Jule macht ein finsteres Gesicht.

Eine Tierpflegerin kommt zu ihnen und fragt: „Seid ihr allein hier? Wo sind denn eure Eltern?"

„Wir wollen uns nur die Tiere ansehen", sagt Teris.

„Um euch das süßeste zu Weihnachten zu wünschen?" Die Frau zieht die Augenbrauen hoch. „Schlagt euch das besser aus dem Kopf. Tiere soll man nicht verschenken."

Jules Miene wird noch finsterer. Sie kann es nicht leiden, wenn man ihr etwas vorhält, was ihr längst klar ist. „Wissen wir. Deshalb sind wir nicht gekommen."

„Wir recherchieren für unsere Schülerzeitung", wirft Simon schnell ein. „Wir wollen alles über die Tiere erfahren, die hier abgegeben werden."

Die Pflegerin wird gleich freundlicher. „Das ist natürlich etwas anderes. Da habt ihr euch was Gutes vorgenommen", lobt sie.

„Klar, aber erst mal was Schlechtes unterstellen und meckern", murmelt Jule. Allerdings so leise, dass nur Simon sie hören kann.

Die Frau führt sie durch das ganze Tierheim. In den Zwingern sind immer mehrere Hunde zusammen untergebracht. Die meisten liegen herum und dösen, manche spielen auch miteinander. Im Gebäude nebenan sind die Katzenzimmer. Und dann gibt es noch alle möglichen Kleintiere: Hamster, Meerschweinchen, Kaninchen, Wellensittiche und sogar einen Papagei, der ohrenbetäubende Schreie ausstößt.

Jule hat ihr Notizbuch gezückt und schreibt wie verrückt mit. Sie hat bestimmt schon drei Seiten voll.

„Am Jahresanfang wird es sicher wieder richtig eng hier", erzählt die Pflegerin. „Uns werden viele Tiere gebracht, die unterm Weihnachtsbaum saßen. Deswegen legen wir gerade auch einen Stopp bei den Vermittlungen ein. Wer ein Tier haben möchte, der muss bis nach Weihnachten warten. So wissen wir wenigstens, dass er es ernst meint."

„Dann wird es wohl nichts mit Hannas Weihnachtshund", sagt Teris.

„Der muss ja nicht unbedingt aus dem Tierheim kommen", wendet Simon ein.

„So ist es." Die Pflegerin nickt. Seufzend fügt sie hinzu: „Es gibt genug Leute, die sich auf anderen Wegen ein Tier besorgen."

Auf anderen Wegen, das klingt geheimnisvoll. Das will Simon genauer wissen. „Was heißt das? Auf welchen anderen Wegen?"

„Über Anzeigen im Internet oder in der Zeitung“, erklärt die Frau. „Teilweise stammen die von Privatleuten, die ihr Haustier nicht mehr behalten können. Sie ziehen um, gehen ins Ausland oder sind alt und krank. Es gibt verschiedene Gründe. Manchmal sind es auch Anzeigen von Züchtern. Die meisten wollen das Beste für ihre Tiere und wählen die neuen Besitzer sorgfältig aus. Aber leider versuchen auch Kriminelle, damit Geschäfte zu machen.“

Simon horcht auf. „Also wenn sich meine Freundin einen Hund zu Weihnachten wünscht …“

„Nicht ich“, betont Jule.

„… dann sollten ihre Eltern genau prüfen, wo sie diesen Hund herbekommen“, ergänzt die Tierpflegerin. „Manche Leute züchten Hunde nämlich in irgendeinem Verschlag und versorgen sie nicht gut. Die Welpen werden viel zu früh von ihrer Mutter getrennt und sind oft krank.“

Jule blättert eine Seite in ihrem Notizbuch um. „Woran erkennt man solche Anzeigen?“

Die Frau überlegt einen Moment. „Das ist schwer zu sagen. Meistens geben diese Anzeigen gar keine richtigen Informationen. Und wenn die Leute die kranken Welpen dann sehen, haben sie häufig Mitleid. Sie kaufen sie, weil sie die Tiere retten wollen.“

Das kann Simon verstehen. Er würde die Welpen auch gern aus dem Kofferraum retten.

Plötzlich weiß er, was zu tun ist. Er nickt Teris zu. Aufbruch, heißt das. Teris nickt zurück.

Jule schreibt immer noch und bekommt nichts mit. Simon fasst sie am Jackenärmel, sodass ihr Stift verrutscht. „Hey", beschwert sie sich.

„Wir müssen los. Vielen Dank für die Informationen", sagt Simon zu der Tierpflegerin.

„Gern." Die Frau lächelt. „Bringt ihr mir eine Ausgabe eurer Schülerzeitung, wenn sie erschienen ist?"

„Auf jeden Fall", verspricht Simon. Er platzt fast vor Stolz. Eine Vorbestellung für ihre Zeitung – so was hatten sie ja noch nie!

4. Hundewelpen gesucht

Auf dem Heimweg erläutert Simon den anderen beiden seinen Plan: „Wir gucken die letzten Zeitungsausgaben durch. Wenn Tiere ein beliebtes Weihnachtsgeschenk sind, finden wir bestimmt so eine Anzeige.“

Diesmal gehen sie zu Jule nach Hause. Dort gibt es immer eine Menge Tageszeitungen, auch ältere. Simon und Teris schnappen sich jeder ein paar aus dem Altpapier und blättern sie durch.

Jule setzt sich an ihren Laptop, um im Internet zu suchen. Das Kullheimer Morgenblatt hat auch eine Online-Ausgabe. „Ich muss die ganze Zeit an die armen Welpen denken“, sagt sie auf einmal. „Wir werden sie nicht wiederfinden. Wir haben es vermasselt.“ In ihren Augen glitzern Tränen.

Simon fühlt sich bedrückt. So hat er Jule noch nie erlebt. Ja, sie haben echt Mist gebaut. Doch er will nicht den Mut verlieren. Deswegen sagt er: „Du hast ja recht. Aber wenn wir nichts tun und nur jammern, hilft das den Welpen auch nicht."

Jule schnieft. „Ich jammere nicht!" Sie macht ein trotziges Gesicht. „Ich bin nun mal traurig. Und das sag ich dann eben."

„Ich bin auch traurig", gibt Teris zu. „Immer wenn ich an die süßen Näschen und die kleinen Pfötchen denke. Und ich denke fast dauernd daran."

„Wir helfen den Welpen doch trotzdem!", ruft Simon. „Wir helfen ihnen, indem wir einen Artikel schreiben. Wir informieren über arme Tiere und böse Machenschaften. Wir rütteln die Leute wach."

Jule wischt sich über die Augen. „Genau. Und bald wird wieder jemand mitkriegen, dass Welpen im Kofferraum eingesperrt sind. Jemand, der nicht zu blöd ist, sich das Autokennzeichen zu merken."

Simon wirft Jule einen misstrauischen Blick zu. Macht sie sich etwa lustig über ihn? Aber sie sieht ganz harmlos aus und wendet sich erneut dem Bildschirm zu.

„Hier ist eine Anzeige", sagt Teris plötzlich.

„Was? Wo? Zeig her!" Simon lässt seine Zeitung sinken. Jule springt auf. Ihr Stuhl fällt polternd um.

„Jule, ist was passiert?“, ruft ihr Vater, der im Wohnzimmer an einem Artikel für das Morgenblatt schreibt.

„Alles okay!“, ruft Jule zurück.

Teris zeigt mit dem Finger auf eine kleine Anzeige.

Süße Hundewelpen unterm Weihnachtsbaum. Machen Sie Ihre Lieben glücklich mit einem ganz besonderen Geschenk. Melden Sie sich unter der Handynummer 0158/2322426.

Jule stellt ihren Stuhl wieder hin und lässt sich darauf fallen. „Boah, als wären das Stofftiere“, regt sie sich auf.

Simons Herz schlägt schneller. Das ist doch genau die Art von Anzeige, von der die Frau im Tierheim gesprochen hat. Sie klingt wie Werbung. Es finden sich keinerlei Informationen. Jemand, der seinen Hund in gute Hände abgeben will, würde niemals so eine Anzeige schreiben.

„Tja, und jetzt?“, fragt Teris.

Kurz herrscht Stille, dann sagt Jule entschlossen: „Ist ja wohl klar. Wir melden uns und behaupten, dass wir einen süßen Hundewelpen unterm Weihnachtsbaum haben wollen.“

Was für eine verrückte Idee! Was für eine coole Idee!

Aber Simon hat trotzdem Zweifel. „Wir können da nicht einfach anrufen. Man hört doch, dass wir Kinder sind. Kindern verkaufen sie bestimmt nichts."

Jule weiß auch dafür eine Lösung: „Wir rufen nicht an. Wir schicken eine Textnachricht." Sie zieht ihr Handy heraus. „Was soll ich schreiben?"

Die drei sehen sich an. Sie sind total aufgeregt.

„Schreib: *Ich möchte meinem Sohn gern einen süßen Hundewelpen zu Weihnachten schenken*", schlägt Simon vor.

Jule tippt.

„Und: *Ist noch einer zu haben?*"

Jule tippt auch das. Dann gibt sie die Handynummer aus der Anzeige ein und drückt auf Senden.

Gespannt starren sie auf den Bildschirm. Die Minuten verstreichen.

„Oh Mann!" Simon stöhnt ungeduldig.

„Nicht jeder guckt ständig aufs Handy", meint Teris.

„Oder die Welpen sind längst weg", brummt Simon.

Das Handy piept. Eine Nachricht ist eingegangen! Jule öffnet sie.

Vier Welpen sind noch zu haben. Sie können sie gern ansehen. Gruß, Karin.

„Ja!", schreit Jule, springt auf und reißt die Arme in die Luft. Ihr Stuhl fällt zum zweiten Mal polternd um.

„Jule, ist was passiert?“, ruft ihr Vater wieder.

„Alles okay!“, ruft Jule zurück.

Die Kinder schreiben ein paarmal mit dieser Karin hin und her. Sie schlägt vor, sich am nächsten Nachmittag auf dem Parkplatz eines großen Supermarkts zu treffen. *Ich fahre einen roten Kleinwagen. Bringe die Hunde mit.*

Ein roter Kleinwagen? Die Kinder sehen sich an. Sie denken alle drei dasselbe: Ist das etwa die Frau vom Weihnachtsmarkt?!

5. Verfolgungsjagd

In dieser Nacht kann Simon vor lauter Kopfzerbrechen nicht gut schlafen. Tausendmal stellt er sich das Treffen mit dieser Karin vor. Er träumt sogar davon. Im Traum sieht Karin aus wie die Frau vom Weihnachtsmarkt. Sie öffnet den Kofferraum, um den Kindern die Hunde zu zeigen. Vier Welpen sitzen darin. Da schnappt sich Simon einen von ihnen, Teris den zweiten und Jule die letzten beiden. Die drei rennen davon, direkt zur Polizei.

Simon fährt aus dem Schlaf hoch. Oh nein, sie haben es schon wieder vergessen: Sie müssen sich doch das Autokennzeichen merken! Was für ein Glück, dass er nur geträumt hat.

Simon seufzt und dreht sich auf die andere Seite. Natürlich wird das Treffen in echt nicht so ablaufen. Wer

weiß, ob Karin wirklich diese Frau ist. Wer weiß, ob Karin überhaupt eine Frau ist! In einer Textnachricht kann schließlich jeder alles behaupten.

Simon wälzt sich weiter hin und her. Einmal fällt er dabei beinahe aus dem Bett. Aber nach einer Weile schläft er doch wieder ein.

Der nächste Tag zieht sich wie Kaugummi: Schule, Mittagessen, Hausaufgaben. Simon ist todmüde. Ob es irgendwann noch Nachmittag wird? Die Zeit will einfach nicht vergehen.

Dann ist es endlich so weit. Zu dritt radeln sie durch die Winterkälte zu dem Supermarkt. Er ist groß und entsprechend groß ist auch der Parkplatz. Eine Menge Autos kommen an und fahren weg. Leute schleppen Einkaufsbeutel und packen ihre Autos voll.

Simon steigt vom Fahrrad und schließt es ab. Er ist froh über diesen Treffpunkt. Hier sind so viele Menschen, da kann ihnen niemand gefährlich werden.

„Hoffentlich erkennen wir Karin überhaupt“, sagt Teris.

Simon denkt an seinen Traum. „Wenn es die Frau von vorgestern ist, auf jeden Fall.“

„Ja, wenn.“ Jule schaut sich nach allen Seiten um. „Auf dem Parkplatz stehen übrigens mehrere kleine rote Autos. Woher wissen wir, welches das richtige ist? So ganz ohne Kennzeichen?“

Muss sie ihnen das denn dauernd unter die Nase reiben? „Du hast es dir ja selbst nicht gemerkt“, grummelt Simon.

Teris sagt: „Ich erkenne es auch ohne das Nummernschild wieder. Vorne am Kotflügel hat es nämlich eine kleine Schramme.“

Jule verdreht die Augen. „Sollen wir etwa alle Autos nach kleinen Schrammen absuchen?“

„Nur alle roten.“ Teris grinst.

Simon hört gar nicht mehr zu. Er ist schon unterwegs, um das erste rote Auto am Kotflügel zu untersuchen.

Gleich darauf huscht Jule neben ihn. „Achtung!“, zischt sie.

Simon bleibt stehen. Und da sieht er sie. Es ist fast wie in seinem Traum. Zwei Parkreihen weiter steigt die blonde Frau vom Weihnachtsmarkt aus ihrem Auto. Sie schaut sich nach allen Seiten um. Dabei spielt sie nervös mit dem Schlüssel.

„Sie wartet auf jemanden“, raunt Teris.

Sie wartet auf uns!, denkt Simon. Sein Herz klopft schneller. Die Karin aus der Anzeige ist tatsächlich die Frau mit den Welpen im Kofferraum!

Er flüstert: „Wir gehen jetzt an ihr vorbei und versuchen, dabei unauffällig in ihr Auto zu gucken.“

Die anderen nicken. Das ist ein guter Plan. Karin hat ja keine Ahnung, dass sie es sind, die ihr geschrieben und sich mit ihr verabredet haben.

Vorsichtig kommen die Kinder näher. Die Frau blickt sich immer noch unruhig um.

Dann bemerkt sie die drei. Simon kann förmlich sehen, wie sie erstarrt. Im nächsten Moment springt sie ins Auto und startet den Motor.

„Sie hat uns wiedererkannt!“, ruft Simon. „Sie will abhauen … Nichts wie hinterher!“

Die drei Freunde rennen zurück zu ihren Fahrrädern. Simon flucht, weil ihm vor Aufregung das Schloss aus der Hand rutscht. Jule und Teris sind schon unterwegs. Endlich sitzt auch er im Sattel und düst los.

Karin hat längst ausgeparkt und ist vom Parkplatz in die Straße eingebogen. An der Seite ist ein Fahrradweg, auf dem die Kinder sie verfolgen können. Natürlich sind sie nicht so schnell wie das Auto. Aber wegen des Weihnachtstrubels staut sich der Verkehr. Sie können also gut aufholen.

Vor ihnen springt die Ampel auf Rot. Mist, sie müssen warten! Als die Ampel wieder Grün zeigt, ist Karins Auto außer Sichtweite.

„Ich glaube, sie ist da vorne abgebogen!", ruft Teris.

Sie biegen ebenfalls ab und fahren die ganze Straße entlang. Das Auto bleibt verschwunden.

Mist, Mist, Doppelmist!

„Habt ihr euch eigentlich das Kennzeichen gemerkt?", fragt Jule.

Die beiden Jungen sehen sich an. Simon schüttelt den Kopf. Teris sagt: „Nein, du?"

Auch Jule schüttelt mit betretener Miene den Kopf.

Mist, Mist, Mist, Dreifachmist!

Die drei können es nicht fassen. Sie haben denselben Fehler schon wieder gemacht!

„Wir suchen weiter“, stößt Simon zwischen den Zähnen hervor. Er will nicht aufgeben!

Sie fahren sämtliche umliegenden Straßen ab. Zwei rote Kleinwagen sehen sie. Einer braust an ihnen vorbei, mit einer dicken Delle in der Stoßstange. Das kann er nicht sein. Der andere glänzt nagelneu. Das kann er auch nicht sein.

Als sie in die Mozartstraße einbiegen, ruft Teris: „Da ist noch eins!“ Er bremst neben dem roten Auto, das in einer Parkbucht steht. Teris beugt sich herunter und mustert den Kotflügel. Dann richtet er sich wieder auf und hebt den Daumen. „Das ist es! Ich bin mir absolut sicher.“

Jule springt vom Rad und lässt es fast auf den Bürgersteig fallen. Sie rennt zur Heckscheibe und linst durch den Spalt neben der Abdeckung.

„Und?“, drängelt Simon.

Jule dreht sich um und schüttelt den Kopf. „Der Kofferraum scheint leer zu sein.“

Die Welpen sind verschwunden. Ist das nun gut oder schlecht? Gut ist natürlich, dass sie bei dieser Kälte nicht mehr im Kofferraum sitzen. Aber wo sind sie dann?

Teris ballt die Fäuste. „Man muss dieser Frau das Handwerk legen!“

„Dazu müssen wir wissen, wo sie die Hunde hält“, gibt Simon zu bedenken. „Und wie sollen wir das herausfinden?“

Jule hat die ganze Zeit finster auf die Heckklappe gestarrt. Jetzt hellt sich ihre Miene auf. „Ich hab eine Idee“, sagt sie.

6. Die Undercover-Aktion

Jules Ideen sind die besten überhaupt. Auch diese ist wieder super: „Wir klingeln überall in der Mozartstraße an den Türen und sagen, dass wir Spenden fürs Tierheim sammeln. Dabei versuchen wir, uns in den Häusern umzusehen. Vielleicht entdecken wir etwas."

Teris steuert auch noch eine gute Idee bei: „Wir verkleiden uns weihnachtlich. Falls Karin uns die Tür aufmacht, erkennt sie uns nicht."

Eine Undercover-Aktion! Simon ist begeistert.

Zu Hause durchsucht er erst seinen eigenen Kleiderschrank und danach den seiner Eltern. „Wir proben für ein Weihnachtsspiel in der Schule", erklärt Simon seiner Mutter.

Daraufhin gibt sie ihm einen alten Mantel von Papa, den Simon mithilfe eines Gürtels in ein Hirtengewand verwandelt. Er malt sich einen Bart und zieht sich einen Schlapphut ins Gesicht. Damit die Verkleidung perfekt wirkt, kramt er auch noch ein Schaf aus seiner Sammlung von Kuscheltieren heraus.

Mit dem Schaf im Arm geht Simon zu ihrem Treffpunkt. Schon aus der Ferne leuchtet ihm etwas Rotes entgegen. Beim Näherkommen erkennt er Jule. Sie trägt den roten Bademantel ihres Vaters über ihren Wintersachen. Die Kapuze hängt ihr so in die Augen, dass man ihr Gesicht nicht richtig sehen kann.

„Ich bin die Weihnachtsfrau“, erklärt Jule.

Aber den Vogel schießt Teris ab. Mithilfe eines weißen Gewands aus einem Bettlaken und goldener Flügel aus Pappmaschee hat er sich in einen Engel verwandelt. Simon kann ein breites Grinsen nur schlecht unterdrücken.

„Hey, lach nicht!“, beschwert sich Teris. „Das hat meine Cousine dieses Jahr an Karneval getragen. Und du mit deinem Kuscheltier siehst ja auch nicht besser aus.“

Simon blickt auf das Schaf in seinem Arm. Dann auf Jules viel zu großen Bademantel. Dann auf Teris’ Papp-

flügel. Was für eine Truppe! Simon prustet los. Gleich darauf stimmen Jule und Teris in sein Gelächter ein.

„Jedenfalls erkennt uns so niemand“, meint Simon, nachdem sie sich wieder beruhigt haben.

„Also lasst uns aufbrechen“, sagt Jule.

Teris bewegt seine Pappflügel, als wollte er losfliegen. Erneut müssen die drei kichern.

Doch bald vergeht ihnen die gute Laune. Die Mozartstraße ist lang. Es wird bestimmt eine mühsame Arbeit, alle Häuser abzuklappern. Außerdem ist es kalt. Richtig saukalt. Es weht ein eisiger Wind.

Die Kinder klingeln an der Tür des ersten Mietshauses.

Ein alter Mann öffnet. „Was habt ihr denn vor? Wollt ihr mich überfallen?“, fragt er.

„Wir sind ganz harmlos“, versichert Teris. „Wir wollen nur Spenden fürs Tierheim sammeln.“

Der Mann holt sein Portemonnaie. „Kommt das Geld auch wirklich an? Oder kauft ihr euch davon bloß Süßigkeiten?“

„Natürlich nicht“, antwortet Jule leicht empört. „Wir möchten den armen Tieren helfen. Wussten Sie, dass nach Weihnachten viele im Tierheim landen? Wir waren dort und …“ Sie fängt an, dem Mann einen Vortrag zu halten.

„Schon gut, schon gut. Ich glaub euch ja.“ Der Mann drückt ihr schnell zwei Euro in die Hand.

„Wissen Sie, ob hier im Haus Hunde wohnen?“, fragt Simon.

Der Mann schüttelt den Kopf. „Nur Katzen, soweit ich weiß.“

Die Kinder bedanken sich für seine Spende und gehen weiter zur nächsten Tür.

Diesmal öffnet ihnen eine Frau. Ihre Hände sind voller Mehl. Sie freut sich richtig, als Teris sie um eine Spende bittet. „Das ist eine gute Tat“, lobt sie und drückt ihm gleich zehn Euro in die Hand. „Ich backe gerade. Wollt ihr nicht hereinkommen und ein paar Weihnachtsplätzchen essen?“

„Nein danke“, lehnt Jule höflich ab. „Wir dürfen nicht zu fremden Leuten in die Wohnung.“

„Ach je, das war eine dumme Idee von mir“, sagt die Frau. „Ihr habt natürlich recht. Aber wartet, ich bringe euch welche an die Tür.“ Sie läuft in die Wohnung und kommt nach kurzer Zeit mit drei Tütchen zurück. „Hier, damit könnt ihr euch unterwegs stärken.“

Als die drei Freunde weiterziehen, meint Teris: „Die Frau war nett. Ich hab fast ein schlechtes Gewissen, dass wir bei den Leuten Geld sammeln.“

„Geht mir auch so“, sagt Simon.

Jule versucht, sie zu beruhigen: „Aber wir sammeln doch nicht für uns. Wir behalten das Geld nicht, sondern übergeben es wirklich ans Tierheim, okay?“

Teris und Simon nicken. Das überzeugt sie.

7. Fast am Ziel

Die drei Freunde gehen weiter, von Tür zu Tür. Mit klammen Fingern klingeln sie. Bestimmt hundert Mal sagen sie ihr Sprüchlein vom Tierheim auf. Alte und junge Menschen öffnen ihnen, Männer, Frauen, Kinder. Fast alle sind freundlich, nur ein Mann knallt ihnen die Tür vor der Nase zu.

Viele Türen bleiben aber auch geschlossen. Dort ist wahrscheinlich niemand zu Hause.

Jule notiert sich diese Namen und die Hausnummern sorgfältig in ihrem Notizbuch. „Da müssen wir am Wochenende noch mal hin."

Simon seufzt. Er hat jetzt schon keine Lust mehr. Doch es hilft ja nichts. Er drückt auf die nächste Klingel. Hausnummer 46, ein mehrstöckiges Mietshaus, Erdgeschoss.

Der Türöffner summt. Drinnen steht eine junge Frau im Morgenmantel. Sie fährt sich durch die zerzausten Haare und gähnt. „Was wollt ihr? Ich bin grad erst aufgestanden, hab heute Nachtdienst."

Jule beginnt ihr Sprüchlein von der Sammlung fürs Tierheim aufzusagen. Die Frau unterbricht sie: „Das könnt ihr euch abschminken, dafür spende ich nichts."

„Warum denn nicht?", fragt Jule verdattert.

„Weil ich Tiere nicht leiden kann. Die machen Dreck und sind mir viel zu laut. Vor allem diese Hunde." Die

Frau schnaubt. „Die verdammten Köter wecken mich zu gern, wenn ich tagsüber Schlaf nachholen muss."

Simon spitzt die Ohren. „Hier im Haus gibt es Hunde?"

Die Frau gähnt wieder und reibt sich die Augen. „Garantiert. Ich war überzeugt, sie gehören den Leuten über mir. Die haben es allerdings abgestritten, als ich ihnen aufs Dach gestiegen bin. Immerhin ist es seitdem leiser geworden. Ein paarmal dachte ich, im Keller hätte etwas gejault. Aber das kann ja schlecht sein."

Die Kinder wechseln einen bedeutungsvollen Blick. Dann sagt Simon schnell: „Tut uns leid, dass wir Sie gestört haben. Auf Wiedersehen."

Die Frau gibt etwas von sich, das wie „grmpf" klingt, und wirft die Tür zu.

„Leute, ich glaube, wir sind am Ziel", sagt Simon aufgeregt.

Teris nickt. „Jaulende Hunde im Keller. Das sind sie! Weil die Frau sich beschwert hat, haben die Besitzer sie aus der Wohnung geschafft."

Aber Jule bremst sie. „Moooment. Wir wissen doch noch gar nicht, ob es wirklich unsere Welpen sind. Wir wissen nicht, ob sie wirklich im Keller sitzen. Und wir wissen nicht, ob die Besitzer wirklich über der Frau wohnen."

„Du meinst, eigentlich wissen wir gar nichts", stellt Simon fest.

„Das wird sich gleich ändern." Entschlossen steigt Teris ein Stockwerk höher.

Er hat kaum die Klingel gedrückt, da reißt schon jemand die Wohnungstür auf. Vor ihnen steht ein Mann im Anzug. „Was ist?", fragt er. Im nächsten Moment bricht er in schallendes Gelächter aus. „Was seid ihr denn für eine komische Truppe?"

Aus dem Hintergrund ertönt eine Frauenstimme: „Wer ist da, Bruno?"

Sofort leuchtet in Simons Kopf eine Schlagzeile auf: *Mutige Kinder überführen mit genialem Trick Tierquäler!*

Diese Frauenstimme kennt er nämlich. Das ist Karin. Sie haben Karin gefunden!

„Irgendwelche verkleideten Kinder!“, ruft Bruno in die Wohnung. Dann dreht er sich wieder zu ihnen. „Und, was wollt ihr nun?“

Simon bringt vor Aufregung kein Wort heraus.

Teris starrt den Mann bloß an.

Jule sagt: „Wir sammeln fürs Tierheim.“ Sie klingt so atemlos, als wäre sie dreimal die Treppe rauf- und runtergerannt.

Von drinnen ruft wieder Karin: „Was wollen die?“

„Nur eine kleine Spende.“ Zu den Kindern sagt Bruno: „Moment, ich hole was für euch. So eine Aktion muss man unterstützen.“ Er gibt der Tür einen Stoß, sodass sie beinahe zufällt.

Die drei Freunde hören, wie Bruno über den Flur geht. Jule linst durch den Türspalt.

„Siehst du was?“, zischt Simon.

Jule schüttelt den Kopf.

Bruno kommt mit einem prall gefüllten Beutel zurück an die Tür. „Hier, das ist für euch.“ Er drückt ihn Simon in die Hand.

Simon lässt den Beutel fast fallen, so schwer ist er.

„Tja, wir lassen uns nicht lumpen. Wir spenden gern.“ Bruno zwinkert ihnen zu, dann schließt er die Tür.

Mit weichen Knien verlassen die Kinder das Haus. Simon schleppt das Geld.

„Meine Güte, wie viel ist denn da drin?“, fragt Teris.

Draußen auf der Straße öffnet Simon den Beutel. „Das gibt's ja nicht!“

Die anderen beiden beugen sich darüber. Der Beutel ist voller Ein-Cent-Münzen.

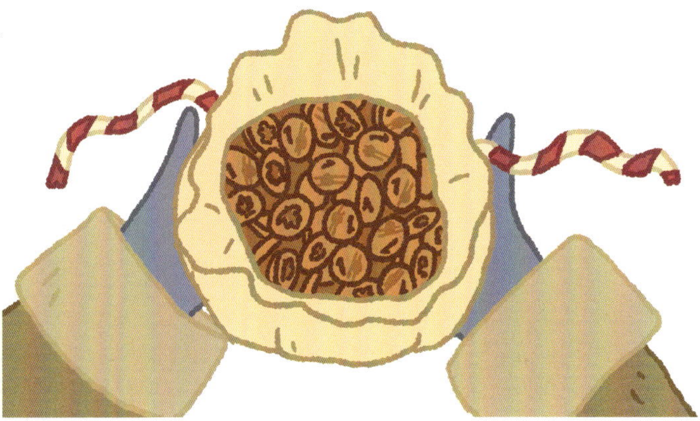

„Was für ein fieser Typ!“, ruft Jule.

„Ja, voll gemein“, stimmt Teris zu. „Der sieht so geschniegelt aus und tut so großzügig. Dabei verschenkt er bloß ein paar Handvoll Centstücke.“

Simon sagt nichts. Sein Kopf schwirrt. Jetzt haben sie diese Karin zwar gefunden, aber am Ziel sind sie trotzdem noch nicht. Denn wo sind die Hunde?

Weil es schon dunkel ist, müssen die Kinder ihre Aktion für heute abbrechen. Stumm radeln sie nach Hause. An der Ecke, an der sich ihre Wege trennen, halten sie an.

Jule sieht wütend aus. Simon kann es ihr nachfühlen. Er ist auch wütend, dass sie nicht weitergekommen sind. Und unglücklich.

Nur Teris versucht, gute Stimmung zu machen. „Das war doch okay heute. Wir wissen jetzt, wo Karin wohnt."

„Aber wir wissen immer noch nicht, wo die Hunde sind!", ruft Jule.

„Morgen suchen wir weiter. Morgen finden wir sie", sagt Simon voller Überzeugung.

8. Der unheimliche Keller

Der nächste Tag ist ein Samstag. Simons Eltern sind ganz erstaunt, dass er trotzdem schon beim Frühstück sitzt, als sie gerade erst aufstehen.

„Du kannst doch heute ausschlafen", sagt Mama.

„Bin verabredet", nuschelt Simon mit vollem Mund.

„Bitte?" Mama zieht die Augenbrauen hoch.

Simon schluckt sein Müsli herunter. „Ich bin mit Jule und Teris verabredet."

„So früh?"

Unter der Woche klagen die Eltern immer, dass er nicht aufstehen mag. Jetzt klagen sie, dass er zu früh aufsteht. Kann man es denen eigentlich nie recht machen?

Dann fällt Simon eine gute Begründung ein. Eine, bei der Mama bestimmt nichts sagen wird. „Wir müssen noch was für die Schülerzeitung planen." Das ist nicht gelogen. Über ihre Aktion werden sie auf jeden Fall in der Schülerzeitung berichten. „Wir haben bald Redaktionsschluss."

Mama lächelt. „Na, dann viel Spaß bei der Arbeit."

Jule und Teris warten schon an der Ecke. Simon schwenkt die Taschenlampe, die er mitgenommen hat. „Damit wir den Keller durchsuchen können, ohne dass es jemand merkt."

Gemeinsam radeln sie weiter. Diesmal wissen sie genau, wo sie hinmüssen: zur Mozartstraße 46.

Vor dem großen Mietshaus schließen sie ihre Fahrräder ab. Simon schaut auf die Klingelschilder. In jedem Stockwerk gibt es drei Parteien. Im ersten Stock, wo Bruno ihnen die Tür geöffnet hat, wohnen *Fam. Schmidt*, *Kowalski* und *B. Kaiser / K. Braun*.

„Das sind sie!“ Simon zeigt auf die letzten beiden Namen. „B. und K., Bruno und Karin. Sie heißen Kaiser und Braun mit Nachnamen.“

Jule notiert das sofort in ihrem Notizbuch. „Wir müssen unbedingt herausfinden, welcher Keller ihnen gehört.“

Teris klingelt einfach irgendwo im Erdgeschoss. Der Summer ertönt und sie können ins Treppenhaus.

An der offenen Wohnungstür steht die junge Frau vom Vortag. Sie sieht wieder genauso zerzaust aus. Allerdings trägt sie diesmal keinen Morgenmantel, sondern einen Schlafanzug. „Ihr seid doch die drei von gestern“, stöhnt sie. „Ich komme grad vom Nachtdienst.“

„Tut uns leid, wir haben die falsche Klingel gedrückt“, entschuldigt sich Teris in höflichem Ton.

Die junge Frau verdreht die Augen und knallt die Tür zu.

Die Kinder laufen durchs Treppenhaus zur Kellertür. Es ist eine schwere Eisentür. Hoffnungsvoll drückt Simon die Klinke nach unten. Sie gibt ein klackerndes Geräusch von sich. Er stemmt sich dagegen. Mit einem Ächzen öffnet sich die Tür. Ein Glück, sie brauchen keinen Schlüssel!

Die drei Freunde schleichen mit klopfenden Herzen die Treppe hinunter. In Simons Kopf blitzt die Schlagzeile auf: *Mutige Kinder befreien Hundewelpen aus Keller!*

In Wahrheit fühlt sich Simon überhaupt nicht mutig. Es ist so dunkel. Richtig unheimlich!

Er schaltet die Taschenlampe ein. Der Lichtkegel fällt auf Bretterverschläge. Zwischen den einzelnen Latten kann man hindurchschauen.

„Hallo, Weihnachtshunde, seid ihr hier?“, fragt Teris halblaut.

„Bestimmt nicht“, flüstert Jule. „Das würde doch jeder sofort mitkriegen, wenn in einem der Verschläge Hunde säßen.“

Sie gehen trotzdem die Kellerräume ab. Es sind drei, die hintereinanderliegen. Darin befinden sich jeweils mehrere Bretterverschläge, die mit Vorhängeschlössern gesichert sind. Simon leuchtet hinein. Verrückt, was die Leute so im Keller horten! Möbel, Kisten, Tüten und noch jede Menge anderen Kram wie Blumenkästen, alte Lampen und kaputte Schuhe.

„Hier gibt es alles außer Hunden“, stellt Simon fest.

„Doch, Hunde gibt es auch.“ Teris zeigt auf einen hässlichen Mops aus Porzellan, der völlig eingestaubt ist.

Simon kichert.

„Pst, da kommt jemand!“, flüstert Jule.

Mit angehaltenem Atem lauschen sie. Über ihnen sind Schritte zu hören.

Das ist nur jemand, der aus dem Haus gehen will, versucht Simon sich zu beruhigen.

Ein klackerndes Geräusch. Die Türklinke! Dann ein Ächzen. Die Eisentür!

„Los, versteckt euch!“, zischt Simon.

Aber das ist leichter gesagt als getan. Denn es gibt nichts zum Verstecken. In die Bretterverschläge können sie ja nicht hinein.

Ein Schalter klickt und das Licht geht an. Die Schritte kommen die Kellertreppe herunter.

Schnell macht Simon die Taschenlampe aus. Die Kinder huschen in den letzten der drei Räume und drücken sich in eine Ecke. Zum Glück ist das Licht hier ziemlich schwach. Wenn der Mensch ihren Kellerraum also nicht betritt, wird er sie wahrscheinlich auch nicht entdecken. Wenn.

Die Schritte nähern sich.

Die Kinder wagen kaum zu atmen.

Die Schritte verstummen. Ein Schlüsselbund klappert. Ein Riegel knirscht. Die Tür eines Bretterverschlags quietscht.

Eine unendliche Zeit lang scheint der Mensch in seinem Verschlag herumzukramen. Dann quietscht, knirscht und klappert es wieder.

Die Schritte entfernen sich. Das Licht geht aus.

Erst als die schwere Eisentür zugefallen ist, wagen die Kinder, sich zu bewegen.

Teris stößt die Luft aus. „Puh, das war knapp."

Jule zeigt in die Dunkelheit. „Simon, mach die Lampe noch mal an. Ich glaub, da ist was."

Simon schaltet die Taschenlampe wieder an. „Was? Wo?" Er lässt den Lichtkegel über die Bretterverschläge streichen. Dann über die Wände. Plötzlich stockt er. „Stimmt. Hier ist noch eine Tür!"

Die Tür ist grau wie die Wand, sodass sie die vorhin übersehen haben.

Teris drückt auf die Klinke. „Mist, abgeschlossen."

Ratlos schauen sie sich an. In diesem Augenblick hören sie es alle drei: ein leises Fiepen.

„Die Hunde sind da drin eingesperrt!" Teris schlägt gegen die Tür. Mehrstimmiges Winseln antwortet ihm.

Jule gibt einen ächzenden Laut von sich. Sie greift in ihre Tasche und zieht ihr Handy heraus. Selbst bei der schwachen Beleuchtung kann Simon erkennen, wie blass sie geworden ist. Ihm schlägt das Herz bis zum Hals. Er sieht wahrscheinlich nicht viel rosiger aus.

Jule drückt auf die Handytasten. „Kein Empfang.“ Sie rennt die Kellertreppe hoch. Die beiden Jungen folgen ihr. Als sie oben sind, hören sie Jule schon telefonieren. „Hallo, Polizei, bitte, Sie müssen schnell kommen!“

9. Die Weihnachtshunde

Ein paar Tage später sitzen die drei Freunde wieder in Teris' Zimmer. Simon hockt am Computer und starrt auf den Bildschirm. Sein Kopf ist wie leer gefegt. Tagelang hat er fast nur in Schlagzeilen gedacht, aber für diesen Topartikel über die Hundebefreiung fällt ihm keine ein.

„Bist du fertig mit dem Artikel?", fragt Jule kauend. Sie testet gerade die schokoladigen Schneebälle, die sie nach Hannas Rezept gebacken haben. „Mjam, sind die lecker." Sie schiebt sich das nächste Plätzchen in den Mund.

Simon liest noch einmal, was er geschrieben hat: Wie sie die Tür im Keller entdecken. Wie sie die Hunde dahinter hören. Wie Jule die Polizei alarmiert.

Kurz darauf kam tatsächlich ein Streifenwagen. Eine Beamtin und ihr Kollege stiegen aus und die Kinder erzählten ihnen alles. Daraufhin klingelten die beiden bei Bruno und Karin und ließen sie die Kellertür aufschließen.

Bei der Erinnerung daran wird Simon immer noch ganz anders. Vier Welpen saßen da in diesem dunklen Loch! Sie fiepten und wedelten mit ihren Schwänzchen und wollten sich gar nicht mehr beruhigen, so sehr freuten sie sich über ihre Befreiung.

Hier im Zimmer fiept nun auch etwas. Simon sieht zu Teris hinüber, der mal wieder auf seinem Liegesack herumhängt. Aber nicht allein. Auf seinem Schoß liegt zusammengerollt ein kleiner weißer Hund mit braunen Tupfen. Er schläft und gibt dabei ab und zu einen Japser von sich.

„Jetzt hast du doch deinen Weihnachtshund bekommen", sagt Simon.

„Sogar noch vor Weihnachten." Teris streichelt den Welpen hingebungsvoll. „Und Hanna auch. Und zwei andere aus der Schule."

Vier Welpen finden ein Zuhause. Wäre das vielleicht eine gute Schlagzeile?

Simon stöhnt und vergräbt den Kopf in den Händen. Nein, das überzeugt ihn nicht. Nichts kann ihn im

Moment überzeugen. Er fühlt sich unter Druck gesetzt, denn er weiß, wie viele schon gespannt auf diese Ausgabe der Schülerzeitung warten. Nicht nur alle an der Schule – sogar die Leute im Tierheim! Die haben sich riesig gefreut, als Simon, Teris und Jule ihnen das Geld ihrer Spendenaktion überreicht haben. Auch darüber wird es einen Bericht in der Schülerzeitung geben, mit Foto und offenem Dankesbrief des Tierheims.

Noch nie hat es eine Ausgabe gegeben, die so umfangreich war wie diese Weihnachtsausgabe! Und noch nie ist ein Artikel ohne passende Überschrift erschienen.

„Einmal ist immer das erste Mal“, murmelt Simon vor sich hin. Was für eine Niederlage!

Es klingelt. Teris springt auf. Seit er einen Hund hat, ist er richtig munter geworden. „Lola muss sowieso Gassi.“ Er geht zur Tür und drückt auf den Öffner.

„Das ist bestimmt Hanna“, meint Jule. Ihr Mund ist mit Schokolade verschmiert. „Sag ihr, die Plätzchen schmecken super.“

Aber es ist nicht Hanna. Es ist die Polizei, die Beamtin und ihr Kollege vom Samstag.

„Wir wollten euch nur berichten, dass euer Anruf größere Kreise gezogen hat“, erzählt die Polizistin. „Wir haben im Umfeld der beiden Personen ermittelt. Dabei konnten wir einem ganzen Ring von dubiosen

Tierhändlern, die Hunde in verdreckten Zwingern hielten, das Handwerk legen. Die Welpen wurden ihren Müttern viel zu früh weggenommen. Die armen Kerlchen saßen in Kellern oder Garagen oder an anderen schrecklichen Orten. Von dort aus sollten sie über Anzeigen verkauft werden. Vor Weihnachten lief das Geschäft natürlich besonders gut."

„Wir finden, das solltet ihr wissen", fügt der Polizist hinzu. „Dass wir diesen Ring ausgehoben haben, ist nämlich vor allem euer Verdienst."

Jule kaut vor Anspannung auf ihrer Unterlippe. „Geht es den Hunden denn jetzt gut? Sind sie in Sicherheit?"

„Sie sind in den besten Händen", beruhigt sie der Polizist. „So wie dieser." Er nickt lächelnd zu Teris hinüber, der seine kleine Lola an sich drückt. „Und alle, die an diesem Handel beteiligt waren, werden wegen Tierquälerei angeklagt."

Als die Polizisten weg sind, dauert es einen Moment, bis die Kinder die Nachricht verdaut haben. Aber dann kommt es so richtig bei ihnen an: Sie haben etwas ganz schön Tolles erreicht!

Strahlend klatschen sie sich ab. Anschließend schiebt Jule sich das letzte Plätzchen in den Mund. Teris nimmt Lola an die Leine, um mit ihr Gassi zu gehen.

Und Simon setzt sich wieder an den Computer. Er legt die Finger auf die Tastatur und tippt die Schlagzeile:

Rettung für die Weihnachtshunde